JN410924

해군의 산책

김기석 시조집

들꽃시선 91

쐐기의 산책

김기석 시조집

자서

천 갈래로 찢기는 여울물 소리에 젖어
파근거렸던 내 발걸음을 뒤 돌아봅니다.
석양에 이르러 내 뜻과는 달리
서럽고 부끄럽게 살아온 세월을 붓 끝이 가는대로
방관傍觀한 채 다스리지 못했나 봅니다.
고삐없는 망아지 같고 구태舊態에 찌든 것 같아서
무거운 마음입니다.
내 나름대로 산고産苦를 겪은 흔적들을
꼬깃거리고 펴보기를 여러 번 하다가
불가불 칠순을 핑계 삼아 두꺼운 복면을 벗어봅니다.
네 번째 펴내는 미진한 내 시조의 밭이 읽는 이에게
한 줄기 빛이 되기를 꿈꾸면서
새롭게 태어날 수 있도록 질정叱正을 기대 합니다.
끝으로 구순을 불구하고 표지화를 그려주신
하반영 화백님의 무병장수를 기원드리며
도서출판 〈들꽃〉 문창길 사장님에게
감사 드립니다.

戊子新春에
지은이 思竹 **金基石**

서시

나의 노래

한 생애 품은 사랑
마디 잘라 쌓은 풍경

울음 싸서 포개 묶은
아픈 옹이 걸어놓고

끈끈한
상념을 적셔
불러보는 노래여

회고의 산책

차례

제 2부 꽃들에게

회고의 산책

제 3부 노동의 그늘

제 4부 객창

제 5부 바람의 시대

▌ 제1부 그리움 ▌

내 명함

미열微熱로
앓아 오던
생애가 죄이라서

풀이 죽은 내 명함을
가슴 안에 접었는데

회안悔顔은 여울져 흘러
서녘 강을 채운다

본향本鄕

뒤섞인 흙의 본심
그 뿌리를 아시나요

일상日常에 찌든 체념滯念
고향 뜰 흙에 젖고

물 층층
배어든달 빛
수심水深깊어 지네요

금낭화

외롭던 언덕배기
청자빛 사랑돋아

이 저제 오시려나
몇밤을 켜논 등불

그리움 줄줄이 엮여
휘어지게 걸리네

박꽃

시절을 문신하듯 땅거미 젖은 돌담
하얀 침묵 분바르고 밤을 밝힌 꽃을 보라
떠나기 싫어한 바람 그 가슴이 보인다

초승 별 넋이 내려 하얗게 늘어서서
열흘달 품에 안은 치마폭 펼친 고샅
눈시울 적시고 간 님 되짚어서 오겠다

마디진 줄기마다 설雪빛 빚어 세우고
훈훈한 여름가슴 무언無言둘러 감은 빛
은하 물 환하게 받아 채운허공 하얗다

그리움

없어야할 미련에
깊숙이 박힌 사랑

칠흑의 어둠 속을
어렴풋 기어 나와

잎에 문 꽃잎 하나를
못 뱉어서 웁니다

상사화 · 1

잔디 순 푸른 나절
청치마
펄럭이고

여름철 어딜 갔다
가을 창
두드리나

잎 따로
꽃 따로 오는 정
안아봐도 될거나

상사화 · 2

내 당신 기다리다
푸른 옷
헤어지고

애련愛戀을 삼대麻처럼
뽑아 올린
이 알몸

내 꼴이 청상 같다고
말 맛 돋구어
불리네

상사화 · 3

꽃등에서 처음 만나
청댕기 스친 당신

미련 주고 소식 끊어
이 간장을 태우더니

저 붉은
정열을 들고
가을 길로 오시네

상사화 · 4

푸르게 피던 정을
죄 같이 벗어 놓고

숲 속을 홀로 걷다 애련이 치 솟아서

붉도록
그리운 정을
참아두고 기다린다

먼발치 묻어 둔 정
꽃송이로 피어나면

바람은 어디를 스쳐 그리움을 풀고 가리

이 가을
멈추어 세울
그 얼굴이 그립다

원앙새

두 가슴 포개놓고
일자간인一字間印 찍은 인연

구불구불 강 길 걸어
무딘 세월 기워 입고

촘촘히
한천寒川을 누벼
백 리 여정 깊어간다

화해

청홍사青紅絲 걸어둔 가지
가시하나 돋아나면

저 쪽에 찔린 상처
내 탓으로 아팠다가

서로를
숨겼던 빛이
가슴으로 아문다

견우

그리움이 칭얼칭얼 안아달라 졸라댑니다

도사린 외로움이
안타까운 눈빛이

무더운
여름 하늘에
푸른 별로 뜹니다

오작교 발 닿을 듯 높고 머 언 하늘가에

칠석 달 그 아래서
눈망울 파란 당신

가슴에
안겨달라고
까막까막 좁니다

호수에 뜬 반달

반 접힌 사연들을 언제 걸어 놓았길래
그리움 잠잠해진 호수가슴 파고들어

날마다 그림자 띄워
달무리로 오는가

외로운 연잎 위에 구르는 의식 하나
점멸點滅하는 별빛을 쥐고
호수에 뛰어들어

번지는 파장무늬에
가슴 얹혀 흔드나

탁목조의 메아리

못 잊는 옛정 하나
언제나 멀리 두고

밀려오는 외로움을
목청 돋아 우는 울음

어쩌다
저리 멀어져
메아리만 오는가

도지는 그리움에
애젖어 붉은 가슴

산유화 저리 피도록
부리 닳게 두드려도

어딘지
보이지 않고
메아리로 닿는가

별 소식

달 갈길 달 가는데 어느 별이 소곤대나
구름을 비켜서면 그 가슴을 보겠지만

속마음 모르는 달은
별 볼일이 없단다

청국장

깍지 손 진한 피로
소용돌이 열을 올려

양념 없이 무르익는
깊은 맛이 인연인데

긴 여정
발효된 정을
우려우려 끓여낸다

산창山窓에 노는 달

향긋한
들풀 물로
내 앞섶에 정 묻히고

칠흑 두른 꽃가지에
초승달로 놀더니

호수에
제 얼굴 묻고
산창에서 떠 노네

꽃샘바람

춘곤에 밑진 잠이
하품으로 번지더니
장난 끼 심한 바람
봄 창을 두드리고

오늘은
어찌 되자고
허리 감다 떠나나

바위틈에 숨겨 둔
고운 꿈 지핀 꽃을
하늘 가린 솔 그늘이
시샘으로 가리더니

내 안에
꽃샘바람이
흔들고야 말았네

그리운 새 한 마리

호젓이 외로울 때
소록소록
우는 새

앉았던 가지 당겨
마음에 문지르면

깃 하나
꽂힌 가슴이
장밋빛 춤이더라

미련의 색채

단풍 색 짙어진 숲
새소리도 그치고
풀숲에 망울졌던
이슬도 마른 오후
그 시절
물든 미련이
어제보다 붉구나

내 꿈길 흩어가며
석양으로 기운 망루望樓
노을 감긴 바람결에
그림자 아른댄다
천상의
어느 벽면에
그 빛 옮겨 걸거나

제2부 꽃들에게

옹달샘

달빛에 숨어살던 뚜렸한 꽃대궁은
오솔길 그 어귀를 허둥지둥 찾아들어
십장생 그림 한 폭이 어둠 속을 헤친다

푸른 솔 잎새사이 외롭던 조각달도
마른 침 꿀꺽 삼킨 별들을 헤아리고
극점의 사선을 넘어 숨가쁘게 솟는다

봄 길목

겨울옷 벗는 산중 속살 본 멧새란 놈
덤불 속에 눈 가리고 찌릭 찌릭 웃는 소리
설 잠깬
다람쥐 한 쌍
세수하는 꼴이라니

겨울 사립 찌그리다 뒤 처진 찬바람들
애꿎게 밟힌 댓잎 워석워석 울려놓고
철새는
어디쯤 갔나
이산 저 산 더 터 간다

개나리 노 오란 부리 허리 휘게 매달고
부신 눈 비비다가 눈이 툭툭 터지고
이슬 문
매화 입술이
벌어진다,
벌어져.

갈밭 이야기

미로를 돌아들어 하늘 눈도 가린 갈 숲
갈잎들 속삭임을 강바람이 스치더니
어느새
와전訛傳이 돌아
갈 동네가 술렁인다

비비 새 놀고 간 숲 갈대 끝이 흔들리면
촉각 세운 갈게蟹놈이 옆 걸음을 치더니
누설이
흘러든 강에
파문일어 가더라

風磬

첩첩한 속진俗塵털면
선경禪境이 보이겠지

원圓속에 청동靑銅 잉어
도량道場벽을 떠돌다가

성도成道는
어디쯤인지
머리 찧고 울고있네

과잉

물 붓기 나름 따라
죽이 되고 밥도 되고

정량을 가늠 못해
물 넘고 화력 넘쳐

밥 아닌
무엇이 되나
죽도 밥도 아니다

죽순

태반을
벗기 전엔
바람을 모르리라

가지 벌고 잎 피면 번진 만큼 안기리라

우 우우
혼돈에 얽혀
너나 없이 푸르리라

대나무 숲

명리名利 속
구름 층을 솟고 솟는 저 절규

파도 같은 몸살로
바람 앞에 우거진다

어쩌랴
지울 수 없는
저리 푸른 본색을.

꽃들에게

강둑이 현란한 이 꽃 저 꽃 굽어보면

가슴한때 피운 꽃도
더러는 시들하고

길눈을
홀리는 꽃은
들바람에 곱더라

안면도 간판록看板錄

솔향기 둥지를 나와
별빛 타고 바다에 왔네

바람아래 쉴만한 물가
들꽃 피는 언덕 넘어

솔바람 풍경 소리로
여울지는 꽃지물

해오름의 그 자리에
그대 문전에 서면

바다랑 소나무랑
가두리 대밭이랑

꽃지물 여울을 딛고
출렁이는 저 너울

* 안면도 거리를 달리면서 가게 집들의 간판을 적어 시화시켜 보았다.

꽂지물 아침풍경

산 돌고 바람 돌아
여명餘命이 무리진 곳
소복자락 일렁이며
어둠을 지워내고

청댓닢
흔드는 소리
백사장에 꽂힌다

반짝이는 물 비늘에
밀리고 밀려나와

제 나름의 빛을 세운
모래알 하얀 생각

꽂지물
바위섬 위에
화신花神으로 물든다

눈

스산한 바람 통에
아무데나 앉은 몸이

세상사 묻어놓고
백옥 같이 살자니

등 눌린
솔가지 끝이
바람 앞에 우는구나

화개동 차밭

터울을 못 따지고
사철도 모르는데

흰 서리 모진 날에
하얀 꽃 출렁대면

섬진강 벽옥碧玉이 되어
구비 도는 메아리

개옻나무

산중에 뿌리 두고 야산구경 나선나무
몸 낮춘 허리 쪽을 휘어보는 바람결에
잎줄기 뒤집힌 색깔 백주白晝에 들어 난다

참옻 아닌 개옻으로 이름이 아쉬워도
위상 높은 나무들과 어울린 잔치마당
자주 빛 옷자락으로 그냥 저냥 어울린다

설화雪花

햇볕도 발 못 붙인
만경萬頃을 가린 산방

앉을 자리 고르던 힘
삭풍 속에 흩어놓고

꽁꽁 언 잡목 가지에
하얀 꽃이 되었네

남은 정 다 내주고
얼린 정도 녹이면

곳곳에 봄 싹들을
푸릇푸릇 보리라고

한 겨울 꿈 나루언덕
백의 천사 앉았네

버들가지

치렁한 우울들이
넋에 감겨 처진 가지

흔들려 아파 못 견딘
그 시절의 사죄를

무어라
수화手話를 보내야
호심湖心건너 전할꼬.

벚꽃 길

우우 우 일어나서
환하게 지피더니

사나흘 등 넘어서
쏟아지는 저 눈발

계절의
바람 앞에는
미색도 분별 없다

금강낙조

퍼렇게
출렁인 정
날 세워 번쩍이고

강 안을 채운 노을
붉게 타서 좋더니

강물을
찢고 갈라선다
너와 나의 사랑같이

허전을 흔드는 바다
-부사 방조제에서

출해선 뱃전 위에 흔들리는 소리너머
부르다가 암흘한
못다 이룬 꿈이 있어
저 꿈의
낙수소리가 은무리져 가더라

깊은 밤 심취 속에 그 노래만 남았거니
펄럭이다 안기려다
돌아서면 헛 바람 돌아
앉아서
기다리다가 갯바위가 되누나

늙은 천마天馬

천마는 날개 접혀 하늘 보는 눈뿐이다

금관 요대 두른 재상 등에 앉아 채찍해도

더운 피 돌지 않는 날개 심중에서 펴본다

동백정

청치마 자락 끝에
새긴 꿈이
붉더니

오늘도
못 핀 동백 객창客窓에서 망울져

동백정
저문 포구에
물안개로 밀린다

▌제3부 노동의 그늘 ▌

대밭일기

밑둥보다 우둠지가 저렇게 가는 것은
커날 때
길고 짧고 굵고 가는
바람 탓일까

그 속내 모르는 새들
지저귀면 안되지

구름 낀 하늘아래 적막 그
한가운데
한 생의 일기장에 파랗게 질린 얼굴

속이 빈
바람이 와서
간지리면 안되지

갯벌의 혼미

퍼담아 붓던 바람
자욱히 묻힌 갯벌

때없이 들락거려
어지러 진 발자국

무엇을 표나게 세워
흔적이라 이를까

노동의 그늘
-어시장에서

굽이길 그늘근처 일상을 베어 물고
피묻은 목 상자에 질펀히 포갠 채로
거간 꾼 농간에 녹아
허리 휘어 눕는다

목숨에 묻힌 자존 치욕을 둘러쓰고
낱낱이 쥐어뜯긴 상처가 투성인데
멀뚱히 부릅뜬 눈이
속눈을 감고 본다

냉담한 주인 손에 토막 난 몸뚱아리
선혈을 하수구에 흥건히 흘리고도
파르르 떨리는 가슴
쌈박쌈박 쓰리다

날개의 무지

무지는 어둡더라
처진 줄을 내 모르고

이제야 접고 나니 낡은 것이 보인다만

만산이
외쳐 부를 때
퍼덕이고 있었지.

먼 산을 바라보고
머뭇거린 순간에도

선지 빛 진한 꽃이 아픈줄을 모르고

무지에
홰치든 날개
바람보다 가벼웠다

섬과 파도

나는 섬 그는 파도 순명이 등등한데
파도가 높아지면 섬도 같이 솟아올라
맞닿은 파도자리에
둘이 서로 부서진다

삭지 못한 가슴앓이 조약돌로 굴려놓고
우려온 세월 뒤에 서리맞은 억새꽃
당기고 밀린 바다에
그림자만 검구나

노을은 어느 사이 독백에 물이 들고
극성떠는 파도는 물러설 기미 없어
어물 쩍 돌아앉은 섬
파도소리 비리다

가을 숲 · 1

골격 큰 산과 산
제 앞만 포개고는

바람은 나무 한 그루
곁가지를 흔들고는

잎마저 허욕이라고
하나 둘씩 떨궈낸다

수림을 비켜서면
구름 떼 밀려오고

비 설거지 바쁜 생애
한두 뼘씩 줄이는데

물줄기 성급히 흘러
사무침도 지운다

가을 숲 · 2

잡목 숲 노는 바람
매무새도 각색이다

사계절 벼랑 끝에
긴장의 줄을 잡고

골 깊은
가슴마디를
톺아 내는 저 얼룩

연약한 가지 끝에
바람이 휘감기면

산을 지고 눌린 가슴
호흡이 가파른데

저 하늘
붉은 애증이
안개비로 내리네

계절의 산

조각달 적막아래
짙게 깔린 산 그림자
재 넘어 생애 탑의 큰 키를 재던 일로

그까짓 지척거리를
길다 짧다 했던가

한 뼘쯤 남겨 놓은
깊은 겨울 들머리에
하늘 끝 주저앉아 펼쳐 뵈는 산자락

가진 것 하나 없어서
마음베고 눕는다

추루秋樓

계절이 앉아 놀던 누각에 나도 앉아
환상 속 그린 춘심 버들 싹이 돋는데
눈보라 씻긴 들보에 단청 색이 섧구나

황혼의 빛을 빌어 몸을 기댄 각주角柱 쪽에
단풍잎 시나브로 떨어지는 그 사이로
초승달 동녘을 넘어 새 얼굴을 내민다

먹구름 부딪치고 눈물져 쏟은 낙수
긴 골짝 내려와서 호수에 잠겼는데
날라든 철새가 앉아 한 세상을 닦는다

낙화의 유희

점지 받은
은총으로
세상 틈
비집고 나와

희로 애락
여울 건너온 사랑스런
몸짓 하나

꽃자리
씨앗을 놓고
난 눈발로
떨어진다

낙엽 지운 가지

찻잎 같은 연초록
부드럽게 살다가

밀어닥친 태풍에도
떨어지지 않다가

내년에 다시 떠야할
눈을 지긋 감았네

가뭄 배추밭

이슬로 목적시며
갈증 안고 사는 목숨

잠드는 듯 시든 잎새
속 아픔을 감추고

그 가슴
앓는 소리에
땅도 입을 벌린다

천심에 묶인 운명
기우祈雨로도 못 풀고

밤새 내린 이슬로
가슴 한쪽 젖어들면

온 들이
제것 같아서
치마폭을 넓힌다

심곡사

풍경소리
애련히
불전에 내려앉고

촛대는
몸을 살라
염원 빛 토하는데

석등은
안개를 뚫고
길 마중을 나오네

*심곡사 :미륵산 뒷자락에(익산시 낭산면 낭산리176)있는 고찰.

심곡사 가는 길
-폐문 그 찰나

심곡사
꼬불 길을
깊은 고요 짚고 가면

산죽 밭
으스슥 소리
머리끝이 쭈뼛 할 때

푸드득
멧 꿩 한 마리
경驚끼 놓고 날랐다

매창 공원

민망한 세상 어디 시첩詩帖 한 권 펼쳐 놓고
분홍물 뿌린 언덕 안개 속을 걸어간 님
홀연히 등진 세상이 가늠 없이 외롭다

소슬한 바람에도 그 무엇이 설레어
그리움 풀다말고 안기려다 잠들었나
사위듯 아픈 정한情恨이 이슬만큼 구른다

후빈 가슴 핏빛 어려 진달래도 붉더니
운명이 여물어서 꽃 잎새를 지운 뜰
부안 땅 머문 구름이 이화우를 외운다

영랑생가에서

하늘도 가라앉고 별빛은 희미한데
뿌리 뽑힌 氣를 세워 쓸어내린 가슴으로
모란이 피기까지는 얼마나 울었더냐

실어증 끌어안고 압박에 울던 날이
툇마루 비스듬히 낙엽으로 뒹굴고
등 굽은 토담안쪽은 긁힌 세월 남루하네

새 하늘 푸름 아래 수직으로 솟은 대숲
소름 낀 몸서리가 설움안고 내려와
모란꽃 대공에 묻은 흰 웃음을 흔드네

멈춰 선 화물칸

역마다 실린 짐을 오던 길에 내려놓고
질주보다 무겁게 멈춰서는 기적소리

삭막을
끌고 온 철길
황혼녘이 녹슨다

과적에 눌린 침목枕木 통증 앓는 일상으로
허탈을 쓸어 담는 긴긴날의 신음呻吟인데

종착역
부근에 갈 짐
화물칸에 채운다

왜가리

생명의 연緣을 맺고
끼웃거려 넘본 것은
시궁창 포식냄새
뒤져본 내력인데

생애의
잔해가 묻은
하얀 깃을 펴보리라

살얼음 발빠지고
부리 끝이 닳아도
목을 꼬고 생각하면
하늘이 준 목숨인데

곤욕이
홍건한 습지
그냥 저냥 건너리라

무인도

저 거친
물살위로
덤벼 든 무지렁이

푸른 번뇌 허황虛荒되어
펴져나간 언저리에

파도 살
진을 친 바다
옛 그림자 푸르다

암벽송 · 2

-해질 무렵 채석강에서

바다에 해가 지고 푸름도 같이 가고

풍랑도 잠을 청해
저변이 적적한데

자투리
풍경은 건져
어느 벽에 걸거나

물레방아

서슬이 퍼르르 강 따라 가던 물살
폭 좁은 봇도랑에 숙명으로 밀려와서
채우고 쏟아낸 물이 포말 되어 떠간다

방아고 쿵덕쿵덕 가슴패인 확 안에
겉보리 겹겹을 벗기며 살아온 목숨인데
사연은 어데 비우고 빈 물레만 도는가

삐그덕 삐그덕 이끼 끼어 도는 물레
물받이 받고 쏟던 한 생이 어지럽더니
채우면 비우는 내력 초조한 속내더라

고사리 · 2

자주 빛 여린 주먹 마음 다져 뚫은 세상
겨울은 멀었어도 가누기가 어려운데

세상은 얼룩이 져서
평평하지 않았다

선영의 좁은 땅에 영역 없는 어린 몸
얼굴빛 파랗게 질린 초야의 한세월을

비바람 몰아친 나날
가뭄 덮고 울었다

제4부 객창

불면의 밤

적막도 숨이 죽어
사리고 누운 푸른 자리

회포는 파도에 젖어
잔이 넘쳐 몽롱한데

동녘은
하늘을 닦아
밤의 녹을 벗긴다

객창客窓 · 1

쓴잔을 비워내고 황홀히 취한 길섶

세월의 은반위에
억새꽃 휘날리고

스며든
가을 바람에
옷깃 여며 집니다

연줄로 얽힌 도심 명리 밝힌 불빛 속에

안면 없는 빛 창에 밀려
홀로 걷기 외롭더니

뒤척인
세월 앞에서
고개 숙여 집니다

객창客窓 · 2

웃음 울음 휘휘 젓어 가슴 펴 담은 세파
어리숭한 한 생애가 객창에서 기울고
이 몰골 빈 녘에 서니
노을 빛이 물드네

손에 쥐면 냉기 도는 삭막한 외진 늪 길
수맥을 더듬으며 어디만큼 왔던가
만경강 유유히 흘러
서해근처 닿아가네

미로를 돌다말고 빈 주머니 손을 넣고
듣는다 꽃잎 지며 소리숨긴 울음을
저 꽃잎 부르르 떨며
그냥 지는 모습을.

조약돌 · 2

때없이
부딪쳐서
상처도 무수한데

아직도
구슬이 못된
조약돌로 구른다

한 생을
어찌 닦아야
반짝이는 옥이 되랴

석양에 배 매어놓고

작은 강을 건너서 바닷길을 건너서
멈춰서는 순간까지 고동한번 못 울어
갈증에 타는 불꽃이 석양으로 번진다

아차 하는 비명을 숱하게 지르고도
줄다리기 한 세상을 응당하다 헤쳐와서
어스름 스며든 항에 빈배 한 척 매인다

강진만 석양

물 나간 갯벌바닥 주저앉은 목선 위에
갈매기도 도요새도 하루를 털고 앉아
수십리 종종댄 걸음 해넘이로 녹인다

잔 파도 일렁거려 조여드는 물빛 위에
푸르게 도도한 섬 그림자 잊어가고
먼바다 건너간 해가 저지른 일 감춰간다

햇살은 목젖에 걸려 찰나가 휘청이고
눈멀어 가는 항구에 고요는 도지는데
치켜든 더듬이 끝에 게蟹걸음이 매인다

가을 산책

불그레한 단풍 빛이 시나브로 짙어진 길
하나 둘 씩 떨어진 열매 몇 알 누었다
평생에 지고 온 업장 하찮게도 부렸다

자자한 마파람에 어깨처진 잡목 숲
가을산은 그러려니 가슴속에 지니고도
노을 빛 갈등 언저리 뭉클 뭉클 뜨는 구름.

빈 몸이 왔다가니 얻고 잃음 없다 쳐도
산책길 진실들을 도리 없이 놓고 간 곳
그 계절 그림 한 폭엔 숨은 여운 필연必然다

항해

후박厚薄 한 명命을 타고
암초暗礁 밭 노를 저어

희비喜悲가 출렁이는 출항선 그 머ㄴ 길

외길로 뚫린 창해를
지칠 듯이 떠간다

달 없이 외로운 밤
가상假像한 별빛으로

우수憂愁에 패인 가슴 황경한 고도인데

후줄근 처진 뱃머리
백 리 포구 닿는다

회고의 산책

푸른 숲 그 아래를 걷다가 서성이고
그 사이 잎이 붉고 귀뚜리 목이 쉬고
못 채운 단추 자리에 가을 바람 스민다

하늘 가린 붉은 숲에 흔적이 민망하여
비바람 씻긴 가지 마디진 옹이 몇 개
그림자 짙게 느리고 세월 뒤에 서있다

간밤에 내린 이슬 잎새를 타 내리고
함초롬한 숲 밑을 스치던 바람줄기
그 잎새 한 잎 두 잎씩 뒤척이고 지난다

파리

개 다리 소반 위에
밥풀을 빨던 시련

부뚜막에 쫓겨 앉아
두 손 비벼 죄를 빈다

그 운명 속일 수 없어
궁색 떤 게 죄더냐

폭설

-2005년12월

훙내낸 날갯짓에
횃대 넘긴 춤사위

무게 눌린 하우스
버팀목이 휘었지만

농심에
크는 빚더미
무너지지 않았다.

질경이

외가닥 끈 하나를
손아귀에 감아쥐고
앙금을 쭉쭉 뽑아
바장대고 사는 목숨
뭇 발에 밟힌 상처로
관절 하나 만든다

운명의 질긴 목숨
어깨를 짓누르고
산발한 머리채는
혈서 같은 흉터다
가닥을 하나씩 세워
이슬방울 지운다

등산길

한 세월 출렁이는 붉디붉은 망루望樓를 향해
봄철이 운하에 감겨 허둥지둥 오른 곳

메아리
퍼진 둘레에
낙조자락 걸친다

절벽을 기어올라 높은 하늘 바라보고
갈망을 천공에 띄워 꽃 물로 뿌리던 날

불현듯
차 오른 만월
하산 길을 밝힌다

개똥참외

나무되고 싶었지만
머리 두를 곳 없고

물이 되고 싶지만
흐를 강이 있으랴

마디 끝
맺힌 오열이
주렁지게 열렸다

풀벌레 성가시게
흘리듯 여윈 계절

연緣 없이 땅에 묻혀
미동微動도 꿈이런데

골골을
방황하던 꿈
노지老地 덮고 뉘였다

가야금 독주

치마폭 서리서리 열두 가닥 맺힌 사연
굽이굽이 얽힌 한을 절절히 늘여놓고
떨리는 현의 울림이 눈시울을 적신다

목젖을 느린 세월 여운을 번 가르며
안고 온 삶의 곡절 속가슴을 헤집어
사무친 손끝을 튕겨 모진 회억 들춘다

자잘히 부서지는 가슴의 선율을 타고
설움이 홍을 돋워 휘몰아낸 음절인가
밤하늘 푸른 별 눈에 서리 녹여 내린다

가을억새

여름철 장대비를 추적추적 맞고 서서
세상유혹 모른다고 살래살래 젓던 손길

노을진
언덕에 서서
하얀 청빈清貧 흔든다

크고 작은 삶의 고비 이슬방울 굴려가며
푸른 하늘 바라보고 쓴잔 비운 그 자취

겉옷에
배인 얼룩을
수줍은 듯 여민다

은행나무 잎새

무서리에 놀랜 가슴 두 어깨 처지던 날
곪아드는 마음속에 빛 지우고 돋은 연민
푸른 몸 노랗게 앓다
어찌될까 저 잎들이

집 없는 새떼들도 더러는 쉬어가고
기나긴 장마에도 천둥번개 비켜간 곳
저 잎새 노란 채광을
바람 앞에 잃으랴

실허實虛에 엮힌 손목 속박을 시늉하고
그 밑동 근황近況 쪽에 뛰내릴 듯 매달려서
추위를 둘러씌우면
빈 날개가 춤추랴

정상頂上 · 1
-금강하구에서

어제는
미륵산을 오르는데
비가오더니

오늘은
금강하구에
강바람이 차갑다

흐르는
세월의 강에
비바람만 놀더라

정상頂上 · 2

산을 가나
들에 가나
갈매나무 가시바람

반달 같은 눈 꼬리에
젖은 자락 휘휘 감고

흐르듯
다름 질 쳐서
숨차 오른 이 정상

옥류동 · 2

하나인 수맥으로 기고만장 흐르다가
분열이 서러운지 물 울음 깊어진 골
갈라져 흐르는 것이 어디 너희뿐이랴

적막을 몸에 덮고 깜박 잠든 산자락
세속을 벗어 던졌나 뼈만 걸린 벼랑인데
이 땅에 엎드린 잡초 찢긴 혈육 아파 운다

비수 빛 흰 물살이 휘어 도는 웅덩이 속
맴돌다 지친 나날 거품 물고 잔경

온정리 들녘을 지나며

서러운 빙하 철은 이리 멀기도 하다
어디나 봄이오면 꽃이 핀다 했는데
자유는 혼을 잃은 채 권태 꽃을 피운다

우주를 어림잡아 불과 서너 뼘의 땅
식민지 설은 기폭 차라리 펄럭이고
대화는 문이 닫힌 채 우울 숲을 지난다

앗아간 자유 뜰에 떠름히 세운 지혜
의식을 태워 내고 휘어드는 바람인데
불가불 지평의 저쪽 절규하는 가슴여. 빛어
반세기 쌓인 슬픔을 잣아 운다 저 물소리

▮ 제5부 바람의 시대 ▮

바람의 시대 · 1

때 없는 선동煽動도
방향감각 속에 있다

공역工役도 농역農域에도
바람 짚고 일어선다

이기利己를
펄럭거리는 군상群像의 깃발이여

저 마다 제나름의 색깔을 따로 걸고
바람에 나풀대는 발광發光하는 시변 속에

이기로 하늘을 뚫고
지상 가득 띄운 깃발

바람의 시대 · 2

가운데 강을 놓고 서로 보고 앉은 섬
저만치 선 등대에 돌을 던져 깨고 있다
저 거친 마파람 위력 태풍으로 커간다

심층心層을 서로 키워 검고 희게 물든 자리
장마 비 씻겨가도 이색은 그대로다
얇아진 심장의 벽을 구멍내고 있구나

빗장 풀어 보낸 바람 된서리에 다시 얼고
일궈놓은 화전 밭에 찢기는 풍악 소리
적막이 삭막을 업고 겨울 산을 오른다

바람의 시대 · 3
-하늘 보는 감자

숨통이 막히던가
묻힌 세상 뛰쳐나와

저 홀로 챙긴 얼짱
다른 하늘 엿보는가

안면에
멍 빛 돋으면
혀 쏘는 줄 모르고

바람의 시대 · 4
-뿌리 시장

주식시장 뿌리 값이
하한선에 줄을 그어

마디를 계산 못할
패륜의 개 촌수다

하락한
촌수 허물면
무촌 값이 오를까

이국정서 · 1
-캄보디아

지평선 끝자락에 솟은 산 안 보이는
미로로 빠져든 허탈 천하가 동색인데
들녘이 황망慌忙한 탓에 강물 하나 외롭다

허허虛虛히 펼친 들녘 숨결은 피 말라도
이 땅을 메워주는 바람길 열어놓고
가람伽藍빛 우뚝선 자리 아픈 가슴 깁는다

이국정서 · 2

-마른 풀 대공

억눌려 굽힌 허리 세월로 부축하고
황갈색 치장을 둘러 생애 접은 이 만장

한 세상
생멸生滅의 둥지
바람 앞에 우울하다

뉘엿뉘엿 저문 길섶 천둥 울고 지난 자리
고요도 오랜 시간 먼발치에 지는 꽃잎

황톳길
갈라진 틈에
적막하나 솟는다

이국정서 · 3
-캄보디아 농촌 풍경

한눈 판
세정世情 틈에
광야는 구석지고

공존의 허풍 설이
세상을 휘감아도

우주의
마음 한구석
가시든 듯 아프다

이국정서 · 4
-어머니 사원

옛 자랑 새긴 벽화
미래지향 물었던가

끝닿은 충족들의
영화는 간데 없고

화려한
왕국금빛은
이야기에 젖는다

이국정서 · 5
-포이펫

가을철 하늘처럼 높아진 영화의 꿈
찾아온 손님에게 손벌려 대접하는
자존도 사위어버린 도리 없는 명줄이여

눈감아도 밟히는 참담한 모욕에도
비명을 숨죽이며 다스린 저 목숨들
생존의 경쟁을 놓고 아우성을 높인다

이국정서 · 6
-바이욘 사원

만백성 피의 화석
벽화로 걸어놓고

흐를수록 빛난다는
성화의 불꽃인데

동서양 구설 꽃피어
입술 색이 짙구나

장엄한 신의 모험
층마다 깔고 앉아

천년의 풍파 안고
가누기도 힘겨운데

권력의 이름 하나만
계절 뒤로 뒹군다

이국정서 · 7

-캄보디아 전통민요

은밀히 접속하는 갈대밭 푸른 말미話尾
엇섞인 속삭임이 몸짓 속을 빗겨 나면
여미듯 스친 감정이
이국 정에 묻힌다

자생 꽃 피인 화단 낯선 이랑 자락은
오래된 나이테의 촘촘 박힌 손짓인데
문명을 배회하던 객
웃음 깃에 떨린다

이국정서 · 8
-앙코로 왓 옥수수 탑

모험이 키를 키워
옥수수로 솟은 자리

불가사의 말話 꼬리에
뭇 전설을 매달고

천년 전
금빛둘레가
고운 만큼 서럽다

문풍지

방패로 세워진 몸
찬바람에 찢긴 갈기

시리도록 창살 쥐고
옷자락을 여민 창에

먼동은 새벽을 지나
부르르 오고 있다

어둠을 씻어 헹궈
깃처럼 처진 몸에

계절은 쉬어 못 가도
바람은 다시 불어

길들은 울음소리로
하얀 편지 써간다

허수아비

쑥 개떡도 배 못 채운 허기가 남은 것은
쥐어짠 그 얼굴에 주름살이 아는 일

속살이 들바람 볼까
남루가닥 사린다

세월에 끌려갈 때 반항한 죄의 흔적
줄어든 체중에는 거동이 천근 여도

풍상을
안고 산 여독
펄럭이고 있구나

심상尋常

걸레처럼 찢겨나간 꾸겨진 일상들이
명치 끝 망치소리 여운에 부딪히고
마음이 아픈 이랑에 겨울 강이 고였다

여한이 무거워서 이승 살이 힘이 들어
남루한 흔적들을 내 탓으로 쓸어 내면
빈 가슴 무엇이 남아 사람모습 세우랴

황혼녘

어버이 주신 은혜 소중히 지닌 목숨
맥없이 사는 것도 보답이라 하더이까
산굽이 물굽이 돌아 황혼녘에 섰습니다

쓰러지는 꿈들을 세워도 보았지만
모진 바람 몰려들어 보람도 흩어놓고
서산에 노을 빛으로 빈 하늘을 채웁니다

갈망하던 별 빛들이 하나 둘 떠난 자리
세월 강 수경 속에 기억을 수장하고
허공을 쥐고 가야 할 길하나를 봅니다

어머니 삼베길쌈 · 1

갈라진 무릎위에
피로 이은
마사麻絲타래

만리장성 몇 곱은
물어본 일 없어도

잉앗실
엇갈린 나날
못다 풀린 그 북실

어머니 삼베길쌈 · 2

물레 살 조인 줄에
돌아도
고픈 가락

올올을 다듬어
세상 볕에 내어 널고

정화수 별빛을 담아
지어주신
마麻적삼.

어머니 삼베 길쌈 · 3

회전에 감긴 가난 얼룩으로 꼬아 내고
주린 뱃살 졸라맨 물레 살이 휘어지면
눈 어귀 맴도는 눈물 두 손등이 물렀습니다

벽 틈에 서린 서리 무릎 깊이 스민 밤은
수심 엉킨 쿳노래를 타래실로 풀어내고
허리 휜 물레바퀴는 새벽녘을 돌았습니다

삼동을 우려 우는 문풍지 애꿎은 밤
시린 날줄 느려서 씨줄 가득 채우고
쇠가락 곧은 심지로 생애 쌓은 어머니

그림자 앞에 서서

-石仙장형의 그림자

부잣집 갈이 품에 거품 문 농우 몰고
보리 고개 가시밭길 헤쳐 가신 그 거리에
인동초 푸른 절규만 훙얼훙얼 스치네

어깨넘어 얻은 글로 기명하며 살던 당신
문중일門中事 살여울에 닳아빠진 신발끌고
여우비 젖은 등 바지 성엣장 얹혀가네

하늘가 어느 곳에 비지땀을 훔쳐낼까-
좌우산천 둘러봐도 고운 비경秘境 안보이고
청산의 첩첩 상중에 안개 덮인 꽃을 보네

신비의 화백

-하반영 화백의 신비에 부쳐

붓끝에 출렁이는
철학은 별이 되어

신비의 섬광으로
화실을 둘러치고

화백은 물감을 풀어
푸른 성을 쌓는다

불가사의 환상을
화필 끝에 고루 찍어

열정을 태우는 촛불
구순의 화혼이여

신화는 이제부턴가
하늘색이 푸르다

무제

덧없음이 맴도는 곳
의욕도 쉬고 있어

평상平常인 양 상기想起하며
눅눅히 절인 마음

의문이 필요 없는가
무심으로 젖는다

인지
생략

들꽃시선 91

회고의 산책

2008년 03월 10일 초판인쇄
2008년 03월 15일 초판펴냄

지은이/김기석

펴낸이/문창길

펴낸곳/도서출판 들꽃
주 소/100-273 서울 중구 필동3가 21-8 서울캐피탈빌딩 B202호
전 화/02)2267-6833, 2273-1506
팩 스/02)2268-7067
출판등록/제5-313호(1992. 5. 15)
E-mail:dlkot108@hanmail.net

값 6,000원
* 파본된 책은 바꾸어 드립니다.

ISBN 978-89-6143-110-1 04810
ISBN 978-89-951327-0-1(세트)